VERDI: RIGOLETTO

Opera en Tres Actos

Traducción al Español y Comentarios
por E. Enrique Prado

Libreto por
Francesco Maria Piave

Jugum Press

ISBN-10: 1-939423-59-7

ISBN-13: 978-1-939423-59-7

Estudio de Composer Giuseppe Verdi de Wikimedia Commons – en.wikipedia.org
(en el dominio público en los Estados Unidos y otros países)

Impreso en los Estados Unidos de América
Publicado por Jugum Press
www.jugumpress.com

Edición y diseño:
Annie Pearson, Jugum Press
Consultas y correspondencia:
jugumpress@outlook.com

Índice

Prefacio ❧ Rigoletto 5

Sinopsis ❧ Rigoletto...7

Reparto ❧ Rigoletto 11

Acto Primer.. 13

Acto Secundo.. 33

Acto Tercero 41

Biografía de Giuseppe Verdi...................................... 55

Acerca de Estas Traducciones.................................. 57

Jugum Press y Ópera en Español............................ 58

Prefacio ℬ Rigoletto

Giuseppe Verdi, tomó de la pieza teatral "El Rey se Divierte" de Victor Hugo el argumento para escribir *Rigoletto*. La pieza teatral, fue prohibida por el gobierno francés después de la primera función en Noviembre de 1832 por considerarla "inmoral."

En realidad la prohibición se debió a que la obra reflejaba la vida licenciosa del rey Francisco Primero. No se sabe cómo fue que Verdi se enteró de su existencia y cómo fue que decidió hacer una ópera sobre el tema. En Abril de 1850, Verdi escribió una carta a Francisco Maria Piave, el famoso libretista, que decía:

"Tengo en mente un argumento, que si la censura lo permite, será una de las más grandes obras del teatro moderno. Es grandioso, inmenso e incluye a un personaje que será una creación tan grande, que los teatros de las naciones más importantes del mundo podrán presumir de él la historia se llama 'El rey se Divierte' y el personaje principal es Triboulet."

En esa época el norte de Italia estaba en poder de Austria y cuando la censura se enteró del proyecto de Verdi, rápidamente lo prohibió.

Ante tal hecho, Verdi cambió el nombre de la obra de Triboulet a El Duque de Vendome que tampoco fue aceptado. Luego lo cambió por "La Maldición," que también fue rechazado y finalmente le aceptaron el nombre de Rigoletto, palabra que no significa nada. También tuvo que cambiar de escenario de Paris a Mantua y al rey por un duque e hizo pequeños cambios en la trama. La obra se estrenó en el Teatro La Fenice de Venecia el 11 de Marzo de 1851. El estreno fue un éxito a pesar de la censura de la crítica.

Traducción y comentarios por
E. Enrique Prado Alcalá
Tepoztlán, Junio 1999

∞

Sinopsis ∞ Rigoletto

Opera en tres actos compuesta por Giuseppe Verdi con libreto de Francesco Maria Piave. Se estrenó en el Teatro La Fenice de Venecia el 11 de Marzo de 1851.

Acto Primer

Gran salón del palacio del Duque de Mantua, se lleva a cabo un gran baile. Entra et Duque acompañado de Borsa, un cortesano, a quien le comenta que desde hace tres meses ha estado viendo con frecuencia en la iglesia a una hermosa y joven dama y que aún no ha podido averiguar ni su nombre ni el lugar en donde vive. Borsa llama su atención hacia un grupo de damas que en ese momento cruza frente a elfos y entre quienes se encuentra la duquesa de Ceprano que está siendo pretendida por el Duque quien al verla se le aproxima y galantemente le reclama que esté a punto de retirarse de I˜ fiesta para regresar a Ceprano y tomándola del brazo la escolta hacia fuera. El conde de Ceprano, su esposo, que ha estado observando la escena, es abordado por Rigoletto, el jorobado y deforme bufón de la corte que se burla de él por no ser capaz de impedir los devaneos de la condesa con el Duque.

Sale Rigoletto y llega Marullo, un cortesano, y comenta a los otros cortesanos, que ha descubierto que el bufón tiene una amante; todos ellos odian a Rigoletto por ser de los favoritos del Duque. Regresan Rigoletto y el Duque y éste comenta que Ceprano está obstaculizando su affaire con la Condesa, por lo que Rigoletto le sugiere raptar a la Condesa y eliminar al marido. Ceprano, Borsa, Marullo y otros cortesanos se reúnen para planear venganza en contra del bufón, quien continuamente les hace bromas pesadas al tiempo que presume que nadie se atreverá a molestarlo por ser el favorito del Duque.

De pronto, el viejo conde Monterone irrumpe furioso, su hija ha sido seducida por el duque y viene a reclamarle tal conducta, el bufón se burla del viejo quien maldice tanto al Duque como al bufón. El Duque ordena el arresto del viejo. Rigoletto se horroriza ante la maldición de Monterone, quien es conducido a la prisión.

La escena cambia a un obscuro callejón, es de noche. A la izquierda la casa de Rigoletto. Se aproxima el bufón preocupado por la maldición de

Monterone. Está a punto de entrar at patio, cuando es abordado por Sparafucile, un asesino profesional, quien le ofrece sus servicios. Rigoletto le pregunta su nombre y el lugar en donde puede encontrarlo si lo llega a necesitar, el asesino contesta las preguntas y además le comenta que Maddalena, su hermana, es quien le ayuda a consumar los asesinatos, por último le dice que respecto al pago, se adelanta la mitad y el resto al terminar el trabajo.

Rigoletto entra al patio de la casa y es recibido alegremente por Gilda su joven y hermosa hija. Él le pide que no salga de la casa 'porque pueden raptarla y solo le da permiso de ir a la iglesia. Ella le pregunta con insistencia acerca de su familia y de sus amigos, el responde que no tiene amigos y que ella es su única familia. Rigoletto llama a Giovanna, la dama de compañía de su hija y le ordena cuidar mucho de ella, en eso él cree escuchar pasos afuera y sale a investigar, lo que es aprovechado por el duque que se introduce al patio, le lanza una bolsa con dinero a Giovanna para comprar su silencio y se esconde detrás de un árbol.

Regresa Rigoletto y les pide que mantengan bien cerrada la puerta de la terraza, se despide y se va.

El Duque se sorprende mucho al darse cuenta de que Gilda no es la amante del bufón sino su hija. Gilda le confiesa a Giovanna sus sentimientos de culpa por no haberle dicho a su padre que desde hace tiempo se ha dado cuenta de que un joven la sigue hasta la iglesia, además le dice que está enamorada de él. El Duque sale de su escondite, con una seña despide a Giovanna, la sorprendida Gilda escucha la declaración de amor del pretendiente quien le dice que es estudiante y que es pobre y que su nombre es Gualtier Maldé. El Duque se retira a instancias de Gilda pero antes ambos se declaran apasionado amor.

Borsa, Marullo, Ceprano y otros cortesanos se han reunido afuera de la casa de Rigoletto con la intención de raptar a la que creen que es la amante del odiado bufón, así piensan vengarse de él. Ellos se desconciertan al ver que Rigoletto se aproxima y lo convencen de que en ese momento van a raptar a la Duquesa de Ceprano, su vecina, Marullo le pone un antifaz al bufón y encima un pañuelo para impedirle la visión él no se percata de esto debido a la obscuridad y. sostiene firmemente la escalera que le dan, contra la pared, de la que cree es la casa de Ceprano. Trepan por la escalera algunos de los cortesanos, abren la puerta de la casa y proceden a raptar a Gilda cuya voz pidiendo. Auxilio se escucha desde la lejanía. En ese momento el bufón se percata del engaño y entra a buscar a su hija, encontrando la casa vacía. Recuerda la maldición de Monterone.

Acto Segundo

Uh salón en el palacio del Duque de Mantua qué se encuentra desolado porque su amada ha sido raptada. El Duque regresó a la casa de Gilda solo para darse cuenta del rapto, ahora se lamenta no haber regresado antes para haberlo evitado.

Llegan los cortesanos y alegremente le cuentan todo lo ocurrido en la casa de Rigoletto. El Duque se alegra mucho de haber encontrado a su amada que se encuentra ahí en el palacio y corre a reunirse con ella.

Entra Rigoletto fingiendo indiferencia, pero sabe que su hija se encuentra en el palacio. Llega un paje a buscar al Duque pero los cortesanos le informan que el señor no puede ser molestado, en ese momento el bufón se da cuenta de que su hija está ahí y les pide a los cortesanos que se la regresen. En ese momento los cortesanos se dan cuenta de que la dama no es la amante del bufón.

Se abre una puerta y aparece Gilda que corre a abrazar a su padre. Rigoletto pide a los cortesanos que los dejen solos. Gilda cuenta a su padre como conoció al Duque en la iglesia, cómo se enamoró de él y como fue raptada. Él le promete que se marcharán de ahí para siempre. En ese momento llega Monterone que es conducido a la prisión y el bufón le promete que será vengado. Gilda le ruega que perdone al Duque.

Acto Tercero

La escena es en un mesón semidestruido situado en la ribera del Río Mincio. El lugar pertenece a Sparafucile y es ahí donde perpetra sus asesinatos. Es de noche, Rigoletto y Gilda están afuera, ella continúa rogándole que perdone al Duque. Rigoletto la acerca hasta una grieta en la pared y le pide que observe.

Ella horrorizada ve al duque en uniforme de oficial de caballería pidiéndole a Sparafucile vino y un cuarto. Sparafucile sale en busca de Rigoletto, para informarle que todo está listo, mientras Gilda observa la llegada de Maddalena, hermosa joven hermana del asesino que es usada para atraer a las víctimas con sus encantos y ve cómo su amado empieza a cortejarla. Ante esto Gilda se siente traicionada.

Rigoletto ordena a su hija que se disfrace de hombre y marche hacia Verona en donde él le dará alcance. Sale Sparafucile y Rigoletto le entrega la mitad del dinero acordado, prometiéndole el resto cuando reciba el cuerpo del Duque; Se escuchan los ruidos de una tormenta que se aproxima, el asesino regresa al mesón en donde Maddalena cautivada por los encantos del Duque, ya se encuentra arrepentida de su participación y le pide que se marche ante la inminencia de la tormenta a lo que el Duque se niega, Sparafucile lo urge a que tome su cuarto y pase la noche en él.

Llega la tormenta, Gilda reaparece vestida de hombre y observa que Maddalena le pide a su hermano que perdone la vida de tan apuesto caballero. Sparafucile acepta siempre y cuando llegue algún hombre al mesón antes de la media noche para matarlo y entregárselo al bufón dentro de un saco y así obtendrá la segunda mitad de la paga. Gilda que lo ha escuchado todo decide sacrificarse por el hombre a quien ama, se acerca a la puerta y llama, Sparafucile se sitúa detrás de la puerta mientras Maddalena hace entrar a Gilda quien es apuñalada por el asesino.

La tormenta amaina y Rigoletto regresa a recoger el cuerpo del Duque. Suenan las doce campanadas de la media noche hora de la cita con Sparafucile quien sale del mesón arrastrando un saco, ofreciéndose a arrojarlo al rio a lo cual se opone el bufón quien le entrega el dinero faltante. Rigoletto queda solo y empieza a arrastrar el saco hacia el río cuando a lo lejos escucha la voz del Duque cantando "La donna é mobile," horrorizado abre el saco y encuentra a su agonizante hija, con gran pena la toma en brazos, ambos se despiden y ella muere.

FIN

Reparto ☙ Rigoletto

EL DUQUE DE MANTUA – Señor feudal
RIGOLETTO – Bufón de la corte
GILDA – Hija de Rigoletto
GIOVANNA – Dama de compañía de Gilda
MARULLO – Cortesano
BORSA – Cortesano
SPARAFUCILE – Asesino a sueldo
MADDALENA – Hermana de Sparafucile
MONTERONE – Viejo cono
CONDE CEPRANO – Un cortesano
CONDESA CEPRANO – Esposa de Ceprano

Libreto ᗧ Rigoletto

Acto Primer

Un magnifico salón en el palacio del Duque de Mantua, una multitud de damas y cortesanos elegante mente vestidos, pajes que pasan de un lado a otro, a la fiesta está en su apogeo, se escucha la música. El Duque y Borsa entran.

DUQUE
Della mia bella incognita borghese
toccare il fin dell'avventura io voglio.

1.   Con esa bella y desconocida burguesa
quiero tener una aventura.

BORSA
Di quella giovin che vedete al tempio?

2.   ¿Con la joven que viste en el templo?

DUQUE
Da tre mesi ogni festa.

3.   Desde hace tres meses en las misas.

BORSA
La sua dimora?

4.   ¿Y en donde vive?

DUQUE
In un remoto calle;
misterioso un uom v'entra ogni notte.

5.   En una remota calle;
cada noche un misterioso hombre entre.

BORSA
E sa colei chi sia l'amante suo?

6.   ¿Y se sabe quién es? ¿Su amante?

DUQUE
Lo ignora.

7.   Lo ignoro.

(Un grupo de damas y caballeros cruzan la sala.)

BORSA
Quante beltà!... Mirate!

8.   ¡Cuánta beldad!... ¡Mira!

DUQUE
Le vince tutte di Cepran la sposa.

9.   Las vence a todas la esposa de Ceprano.

BORSA
Non v'oda il conte, o Duca...

DUQUE
A me che importa?

BORSA
Dirlo ad altra ei potria...

DUQUE
Nè sventura per me certo saria.

Questa o quella per me pari sono
a quant'altre d'intorno, d'intorno mi vedo;
del mio core l'impero non cedo
meglio ad una che ad altra beltà.
La costoro avvenenza è qual dono
di che il fato ne infiora la vita;
s'oggi questa mi torna gradita,
forse un'altra doman lo sarà.
La costanza, tiranna del core,
detestiamo qual morbo crudele.
Sol chi vuole si serbe fidele;
non v'ha amor, se non v'è libertà.
De'mariti il geloso furore,
degli amanti le smanie derido;
anco d'Argo i cent'occhi disfido.
Se mi punge una qualche beltà.

Partite?... Crudele!...

CONDESA
Seguire lo sposo
m'è forza a Ceprano.

DUQUE
Ma dee luminoso
in Corte tal astro qual sole brillare.
Per voi qui ciascuno dovrà palpitare.
Per voi già possente la fiamma d'amore
inebria, conquide, distrugge il mio core.

CONDESA
Calmatevi...

(El duque le ofrece el brazo y sale con ella.)

RIGOLETTO
In testa che avete, signor di Ceprano?

(El conde hace un gesto de impaciencia y sigue al Duque.)

---

10.   Que no te oiga el Conde, oh Duque...

11.   ¿A mí no me importa?

12.   Podrías decírselo a otra...

13.   No me traerá ningún problema.

Esta o aquella para mí son lo mismo
como todas las que veo en mi entorno;
De me corazón el dominio no cedo
ni a una ni a otra beldad.
Su hermosura es el regalo
que hace florecer la vida;
si hoy tengo una favorita,
quizás otra mañana lo será.
La constancia, tirana del corazón,
la detestamos como cruel mal.
Solo el que quiere ser fiel;
tiene amor pero no libertad.
Yo me burlo del celoso furor,
de los maridos y de los amantes;
desafío a los cien ojos de Argos.
Cada vez que me liega una beldad.

(A la Condesa Ceprano)
¡Ya se va?... ¡Qué cruel es!

14.   Sigo a mi esposo
que me obliga a ira Ceprano.

15.   Pero su luminosa belleza
en la corte brilla como un sol.
Por usted todos los corazones palpitan.
Por usted la poderosa llama del amor
embriaga y estruja mi corazón.

16.   Cálmese...

(a Conde Ceprano)
17.   ¿En qué piensa Señor de Ceprano?

14

Ei sbuffa! Vedete?

BORSA, CORO
Che festa!

RIGOLETTO
Oh si!...

BORSA, CORO
Il Duca qui pur si diverte!...

RIGOLETTO
Così non è sempre?
Che nuove scoperte!
Il giuoco ed il vino, le feste, la danza,
battaglie, conviti, ben tutto gli sta.
Or della Contessa l'assedio egli avanza,
e intanto il marito fremendo ne va.

(Sale Rigoletto.)

MARULLO
Gran nuova! Gran nuova!

BORSA, CORO
Che avvenne? Parlate!

MARULLO
Stupir ne dovrete...

BORSA, CORO
Narrate, narrate!...

MARULLO
Ah, ah!... Rigoletto!...

BORSA, CORO
Ebben?

MARULLO
Caso enorme!...

BORSA, CORO
Perduto ha la gobba? Non è più difforme?

MARULLO
Più strana è la cosa!
Il pazzo possiede...

BORSA, CORO
Infine?

(A los cortesanos)
18.   ¡Está furioso! ¿Lo ven?

19.   ¡Qué divertido!

20.   ¡Oh sí!...

21.   ¡El Duque sí que se divierte!...

22.   ¿No es siempre así?
¡Qué hay de nuevo en Eso!
El juego y el vino, la fiesta, la danza,
batallas, convivios, él en todo está.
En el asedio de la Condesa, él avanza,
mientras el marido furioso está.

23.   ¡Gran nueva! ¡Gran nueva!

24.   ¿Qué pasa? ¡Habla!

25.   Nunca lo creerán...

26.   ¡Cuéntanos, cuéntanos!...

27.   ¡Já ja!... ¡Rigoletto!...

28.   ¿Y bien?

29.   ¡Caso enorme!...

30.   ¿Perdió la joroba? ¿Ya no es deforme?

31.   ¡Es muy extraño!
El tonto tiene...

32.   ¿Termina?

MARULLO
Un'amante!

33. ¡Una amante!

BORSA, CORO
Un'amante! Chi il crede?

34. ¡Una amante! ¿Quién lo cree?

MARULLO
Il gobbo in Cupido or s'è trasformato...

35. El jorobado se ha transformado en Cupido...

BORSA, CORO
Quel mostro?
Cupido beato!

36. ¿Ese monstruo Cupido?
¡Encantador cupido!

(El Duque es seguido por los cortesanos, Rigoletto y Ceprano.)

DUQUE
Ah, più di Ceprano importuno non v'è...
La cara sua sposa è un angiol per me!

(A Rigoletto)
37. Ah, este Ceprano es muy inoportuno...
¡Su querida esposa es un ángel para mí!

RIGOLETTO
Rapitela!

38. ¡Ráptala!

DUQUE
È detto, ma il farlo?

39. ¿Lo has dicho, pero cómo?

RIGOLETTO
Stasera.

40. Esta noche.

DUQUE
Non pensi tu al conte?

41. ¿No piensas tú en el Conde?

RIGOLETTO
Non c'è la prigione?

42. ¿Que no hay una prisión?

DUQUE
Ah no.

43. Ah no.

RIGOLETTO
Ebben... s'esilia.

44. Bien... exílialo.

DUQUE
Nemmeno, buffone.

45. Eso menos, bufón.

RIGOLETTO
Allora la testa...

46. Entonces su cabeza...

CEPRANO
Oh l'anima nera!

47. ¡Qué alma tan negra!

DUQUE
Che dì, questa testa?...

48. ¿Qué dices de tu cabeza?...

RIGOLETTO
È ben naturale!
Che far di tal testa?
A cosa ella vale?

CEPRANO
Marrano!

DUQUE
Fermate!

RIGOLETTO
Da rider mi fa.

MARULLO, CORO
In furia è montato!

DUQUE
Buffone, vien qua.
Ah sempre tu spingi lo scherzo all'estremo.
Quell'ira che sfidi colpir ti potrá.

RIGOLETTO
Che coglier mi puote?
Di loro non temo.
Del Ducca il protetto nessun tocherá.

CEPRANO
Vendetta dell pazzo!
Contr'esso un rancore.
Pei tristi suoi modi di noi chi non ha?
Vendetta!

BORSA, MARULLO, CORO
Ma come?

CEPRANO
In armi chi ha core
doman sia da me.

BORSA, MARULLO, CORO
Sì.

CEPRANO
A notte.

BORSA, MARULLO, CORO
Sarà. Vendetta del pazzo!
Contr'esso un rancore
pei tristi suoi modi di noi chi non ha?

49. ¡Es natural!
¿Qué hacer con tal cabeza?
¿Qué tanto puede valer?

50. ¡Marrano!

(a Ceprano)
51. ¡Detente!

52. Me hace reír.

53. ¡Ha montado en furia!

(a Rigoletto)
54. Bufón, ven aquí.
Siempre llevas tu burla el extremo.
La rabia que causas te puede golpear.

55. ¿Qué daño me puede hacer?
A él no le temo.
Nadie tocara al protegido del Duque.

(A los cortesanos)
56. ¡Venganza sobre el bufón!
Quien no le tiene rencor.
¿Por lo que nos hace?
¡Venganza!

57. ¿Pero cómo?

58. Con las armas, el que
mañana se atreva a venir conmigo.

59. ¡Si!

60. Esta noche.

61. ¡Así será, nos vengaremos del bufón!
¿Todos le tenemos rencor
por todo lo que nos ha hecho?

DUQUE, RIGOLETTO
Tutto è gioja, tutto è festa;
tutto invitaci a godere!
Oh guardate, non par questa
or la reggia del piacere!

62.   ¡Todo es alegría, todo es tiesta;
todo nos invita a gozar!
¡Oh miren no parece esto
El reino del placer!

MONTERONE
Ch'io gli parli.

(Entro la escena)
63.   Quiero hablar con él.

DUQUE
No!

64.   ¡No!

MONTERONE
Il voglio.

65.   Insisto.

TODOS
Monterone!

66.   ¡Monterone!

MONTERONE
Sì, Monteron...
la voce mia qual tuono
vi scuoterà dovunque...

67.   Sí, Monteron...
mi voz como trueno
te asaltará...

RIGOLETTO
Ch'io gli parli.
Voi congiuraste,
voi congiuraste contro noi, signore;
e noi, e noi, clementi in vero,
perdonammo...
Qual vi piglia or delirio,
a tutte l'ore di vostra figlia
a reclamar l'onore?

(Imitando a Monterone)
68.   Quiero hablar con usted.
Tu conjuraste,
contra nosotros, señor
y nosotros, deberás te,
perdonamos...
¿Por qué te quejas y deliras,
a toda hora y vienes
a reclama el honor de tu hija?

MONTERONE
Novello insulto! Ah sì, a turbare,

sarò vostr'orgie... verrò a gridare
fino a che vegga restarsi inulto
di mia famiglia l'atroce insulto;
e se al carnefice pur mi darete.
Spettro terribile mi rivedrete,
portante in mano il teschio mio,
vendetta a chiedere al mondo, a Dio.

(Mirando con furia al bufón)
69.   ¡Nuevo insulto!... He venido a interrumpir,

(Al Duque)
tu orgia... gritaré hasta
que vea terminar
el atroz insulto sobre mi familia;
y si al verdugo tú me entregas.
Me espectro regresará,
llevando en la mano mi cabeza clamando
venganza al mundo y a Dios.

DUQUE
Non più, arrestatelo.

70.   No más, arréstenlo.

RIGOLETTO
È matto!

71.   ¡Está loco!

BORSA, MARULLO, CEPRANO
Quai detti!

MONTERONE
Ah, siate entrambi voi maledetti!
Slanciare il cane a leon morente
è vile, o Duca...

E tu, serpente,
tu che d'un padre ridi al dolore,
sii maledetto!

RIGOLETTO
Che sento! Orrore!

TODOS
Oh tu che la festa audace hai turbato,
da un genio d'inferno qui fosti guidato;

è vano ogni detto, di qua t'allontana
va, trema, o vegliardo, dell'ira sovranna
tu l'hai provocata, più speme non v'è,
un'ora fatale fu questa per te.

72. ¡Qué palabras!

73. *(al Duque y Rigoletto)*
¡Sean los dos malditos!
Lanzan sus perros al león moribundo
Eres vil, oh Duque...

(a Rigoletto)
¡Y tú, serpiente,
tu que te ríes del dolor de un padre,
yo te maldigo!

74. *(En su propio éxito)*
¡Qué oigo! ¡Horro!

75. Tu que audaz has turbado la fiesta,
y que llegaste guiado por un genio
del infierno;
son vanas tus palabras, vete de aquí,
vete y tiembla viejo de la ira soberana
tú la has provocado, te arrepentirás
ésta fue tu hora fatal.

Monterone parte flanqueado por dos albarderos, los demás siguen al Duque hacia otra estancia.

Al final de una calle cerrada una casa de discreta apariencia con un patio rodeado por un muro. En el patio un gran árbol y un banco de madera. En el muro una puerta a la calle. Arriba una terraza sostenida por arcos y una puerta de entrada a la casa. A la derecha de la casa, la mansión del Conde Ceprano.

Es de noche.
Rigoletto camina envuelto en su capa, lo sigue Sparafucile el asesino profesional que lleva una espada bajo su capa.

RIGOLETTO
Quel vecchioo maledivami!

SPARAFUCILE
Signor?

RIGOLETTO
Va... non ho niente!

SPARAFUCILE
Né il chiesi... a voi presente
Un uon d'espada stá.

RIGOLETTO
Un ladro?

76. ¡Ese viejo me maldijo!

77. ¿Señor?

78. ¡Vete... no tengo nada!

79. Ni lo quiero... ante usted
Está un hombre de espada.

80. ¿Un ladrón?

SPARAFUCILE
Un uam che libera
Per poco da un rivale.
E voi ne avete.

81. Un hombre que por poco dinero
Lo libera de un rival.
Usted debe de tener uno.

RIGOLETTO
Quale?

82. ¿Cual?

SPARAFUCILE
La vostra donna è lá.

83. Su mujer vive aquí.

RIGOLETTO
(Che sento?)
E quanto spendere
per un signor dovrei?

84. (¿Que oigo?)
¿Y Cuánto costará
por un señor de la nobleza?

SPARAFUCILE
Prezzo maggior vorrei.

85. Eso sería más caro.

RIGOLETTO
Com'usasi pagar?

86. ¿Y cómo se le paga?

SPARAFUCILE
Una metá s'anticipa
Il resto si da poi.

87. Una mitad se anticipa
El resto se da después.

RIGOLETTO
(Demonio)
E come puoi tanto securo oprar?

88. (Demonios)
¿Y cómo puede trabajar tan seguro?

SPARAFUCILE
Soglio in cittade uccidere
oppure nel mio tetto
L'uomo si sera aspetto
una stocatta e muor.

89. Mato a mi hombre en la ciudad
o bajo mi propio techo.
Lo espero en la noche
una estocada y muere.

RIGOLETTO
(Demonio)
E come in casa?

90. (Demonios)
¿Y en la casa cómo?

SPARAFUCILE
E facile
M'aiuta mia sorella...
Per la via danza... è bella...
Chi voglio attira... è allow...

91. Es fácil
Me ayuda me hermana...
Ella danza por la calle... es bella...
ella atrae al hombre... y luego...

RIGOLETTO
Comprendo.

92. Comprendo.

SPARAFUCILE
Senza strepito.
E questo il mio strumento.

Vi serve?

RIGOLETTO
No... al moment.

SPARAFUCILE
Peggio per voi.

RIGOLETTO
Chi sa?

SPARAFUCILE
Sparafucile mi nomino.

RIGOLETTO
Straniero?

SPARAFUCILE
Borgognone.

RIGOLETTO
E dove all'occasione?

SPARAFUCILE
Qui sempre a sera.

RIGOLETTO
Va.

SPARAFUCILE
Sparafucile... Sparafucile...

RIGOLETTO
Pari siamo!
Io la lingua egli ha il pugnale.
L'uomo son io che ride ei quel che spegne
Quel vecchio maledivami...
O uomini... o natur...
Vil scellerato mi faceste voi.
O rabbia esser diforme... esser buffone...
Non dover, non poter altro che ridere
El retaggio d'ogni uom m'è tolto il pianto.

93. Sin estrépito.
Este es mi instrumento.

(Muestra la espada.)
¿Le sirve?

94. No... por el momento.

95. Peor para usted.

96. ¿Quién sabe?

97. Me llama Sparafucile.

98. ¿Extranjero?

99. De Borgoña.

100. ¿Y done si lo necesito?

101. Aquí, siempre por la noche.

102. Vete.

103. Sparafucile... Sparafucile...

(Parte.)

¡Nos parecemos!
Yo tengo la lengua él tiene el puñal.
Yo soy el que ríe y él quien apuñala
Aquel viejo me maldijo...
Oh hombres... oh naturaleza...
haz hecho de mi un villano.
Qué rabia se deforme... ser bufón...
No deber, no poder hacer más que reír
El llanto, consuelo de los hombres me
es negado.

RIGOLETTO *(continuato)*
Questo padrone mio
Giovin... giocondo si possente, bello
sonnechiando me dice:
Fá ch'io rido buffone!...
Forzarmi deggio e farlo!
Oh dannazione!
Odio a voi cortigiani schernitori
Quanta in mordervi ho gioia.
Se iniquo son, per cagion vostra e solo!
Ma in altr'uomo qui mi congio!
Quel vecchio maledivami...
Tal pensiero perche contuba ognor
La mente mia?
Mi cogliera sventura?
Ah no è follia...

104. Este patrón mío
Joven... alegre, poderoso, bello
con pereza me dice:
¡Hazme reír bufón!...
¡Y forzado tengo que hacerlo!
¡Oh tortura!
Los odio cortesanos burlones.
Como me gustaría herirlos.
¡Si soy malo es por culpa vuestra!
¡Pero aquí cambio y soy otro hombre!
Aquel viejo me maldijo...
¿Porque perturba tal pensamiento?
¿La mene mía?
¿Me vendrá una gran pena?
Oh no, es locura...

(Abre con la llave y entra al patio de su casa, sale corriendo a encontraría Gilda su hija y lo abraza.)

RIGOLETTO
Figlia!

105. ¡Hija!

GILDA
Mio padre!

106. ¡Padre mío!

RIGOLETTO
A te d'apresso
Trova sol gioia il core oppresso.

107. Solo en ti mi oprimido corazón
encuentra alegría.

GILDA
O quanto amore padre mio!

108. ¡Oh cuánto amo padre mío!

RIGOLETTO
Mia vita sei!
Senza te in terra qual benne acrei?
O figlia mia!

109. ¡Eres me vida!
¿Sin ti en la tierra a quién tendría?
¡Oh hija mía!

GILDA
Voi sospirate! Che v'ange tanto?
Lo dite a questa povera figlia...
Se v'ha mistero... per lei sia franto
Ch'ella conosca la sua famiglia.

110. ¡Suspiras! ¿Cuál es tu pena?
Dilo a tu pobre hija...
Si tienes... un secreto dímelo
cuéntame de mi familia.

RIGOLETTO
Tu non ne hai...

111. No tienes ninguna...

GILDA
Qual nome avete?

112. ¿Cuál nombre tienes?

RIGOLETTO
A te che importa?

113. ¿A ti que te importa?

GILDA
Se non volete di voi parlarmi...

RIGOLETTO
Non uscir mai...

GILDA
Non ve che al tempio.

RIGOLETTO
Oh ben tu fai.

GILDA
Se non di voi almen chi sia
Fate ch'io sappia la madre mia.

RIGOLETTO
Ah deh non parlare al misero
Del sui perduto bene
Ella sentia quell'angelo
pietá delle mie pene...
Solo, diforme, povero...
Per compassion mi amó.
Ah, moria le zolle coprano
Lievi quel capo amato
Sola or tu resti al misero.
O Dio, si ringraziato!

GILDA
Oh! Quanto dolor... che spremere
Si amaro pianto puo?
Padre... non oiu... calmatevi.
Mi lacera tai vista
il nome vostro ditemi
il duol che si v'attrista.

RIGOLETTO
A che nomarmi? E inutile!
Padre tit sono e basti.
Me forse al mondo temono.
D'alcuno ho forse gli asti
Altri mi maledicono.

GILDA
Patria, parenti, amici.
Voi dunque non avete?

114. Si no me quieres hablar de ti...

115. No vuelvas a salir...

116. Solo voy al templo.

117. Haz hecho bien.

118. Si no de ti al meno déjame
saber de mi madre.

119. No le hables de ella al pobre
que aun llora su pérdida
Ella como ángel sentía piedad
de mis penas...
Solo, deforme, pobre...
por compasión me amó.
Ella murió, la tierra cubrió
su rostro amado
Sola quedaste conmigo.
¡Oh Dios, te doy las gracias!

(Sollozando)
120. ¿Oh cuánto dolor... abrí de nuevo tu
Herida que el llanto había cerrado?
Padre... nunca más... cálmate.
Me lacera verte así
dime tu nombre
y el dolor que te entristece.

121. ¿Mi nombre? ¡Es inútil!
Soy tu padre y eso basta.
Quizás le temo al mundo
Quizás tengo hastiados a algunos
Otros me maldijeron.

122. Patria, parientes, amigos.
¿Entonces no tienes?

RIGOLETTO
Patria... parenti... amici?
Culto famiglia la patria.
Il mio universo e in te!

GILDA
Ah, se puo lieto rendervi
Gioia è la vita a me!
Gia da tre lune son qui venuta
Né la cittade ho ancor veduta
Se il concedete farlo or potre.

RIGOLETTO
Mai, mai! Uscita!
Dimmi... unqua sei?

GILDA
No.

RIGOLETTO
Guai!

GILDA
Che dissi?

RIGOLETTO
Ben te ne guarda
Potrien seguirla, rapirla ancor
Qui d'un buffone si disonara
La iglia se ne ride... Orro!

Ola!

GIOVANNA
Signor?

RIGOLETTO
Venendo mi vide alcuno?
Bada di il vero...

GIOVANNA
Ah, no... nessuno.

RIGOLETTO
Sta ben... la porta che da al bastioine
E sempre chiusa?

GIOVANNA
Ognor, si sta.

123. ¿Patria... parientes... amigos?
Religión, familia, patria.
¡Mi universo está en ti!

124. ¡Ah si pudiera hacerte feliz
la vida sería gloriosa para mí!
Hace tres meses que llegué
y aún no he visto la ciudad
si lo concedieras yo podría.

125. ¡Salir! ¡Nunca, nunca!
¿Dime... has salido?

126. No.

127. ¡No te atrevas!

128. ¿Qué dices?

129. Ten mucho cuidado
Podrían seguirte y raptarte
y se reirían del deshonor
de la hija de un bufón... ¡Horror!

(Hacia la casa)
¡Hola!

130. ¿Señor?

131. ¿Alguien me vio venir?
Dime la verdad...

132. Ah, no... nadie.

133. ¿Está bien... la puerta que da al balcón,
está siembre cerrada?

134. Siempre.

RIGOLETTO
Bada di il vero.

135.   Dime la verdad.

(A Giovanna)
Mujer, cuida a ésta flor

Ah, veglia o donna questo fiore
Che a te puro confidai
veglai attenta e non sia mai
che offusci il suo candor.
Tu dei venti dal furore
chi altri fiori hanno piegato
lo diffendi e immacolato
lo ridona al genitor.

que solo a ti confió
cuídala y no permitas que
se apague su candor.
Defiéndela del furor del viento
que a otras flores ha dañado
y regrésala inmaculada
a su progenitor.

GILDA
Quanto affetoo... quali cure!
Che temete padre mio?
Lassu in cielo presso Dio
Veglia un angiol protettor
Da noi toglie le scenture
Di mia madre il prego santo
Non fia mai disvelto o franto
Questo a voi diletto fior.

136.   ¡Cuánto afecto... cuánto cuidado!
¿Qué es lo que termes padre mío?
Arriba en el cielo cerca de Dios
vigila un ángel protector
que nos quita la desventura
Las santas oraciones de mi madre
Protegen de todo daño
A tu favorita flor.

(Llega el Duque a la calle de la casa.)

RIGOLETTO
Ah, veglia o donna questo fiore
Che a te puro confidai.
Alcun v'e fuori?...

137.   Ah, cuida mujer a ésta flor
que a ti confió.
¿Hay alguien afuera?...

(Abre la puerta del patio y sale a mirar en la calle.
Rápidamente el Duque se desliza dentro del patio y se esconde detrás de un árbol, le lanza una bolsa con
dinero a Giovanna para comprar su silencio.)

GILDA
Cielo!
Sempre novel sospetto...

138.   ¡Cielos!
Siembre con sus nuevas sospechas...

RIGOLETTO
All chiesa vi seguiva mai nessuno?

(A Gilda)
139.   ¿Alguien te ha seguido a la iglesia?

GILDA
Mai!

140.   ¡Nunca!

DUQUE
Rigoletto!

141.   ¡Rigoletto!

RIGOLETTO
Se talor qui picchian
Guardatevi d'aprire.

142.   Si alguien llama a la puerta
No vayas a abrir.

GIOVANNA
Nemmeno al Duca?

143. ¿Ni siquiera al Duque?

RIGOLETTO
Non che ad altri a lui
Mia figlia... addio...

144. Menos a él
Adiós... hija mía...

DUQUE
Sua figlia!

145. ¡Es su hija!

GILDA
Addio mio padre!

146. ¡Adiós padre mío!

(A Giovanna)

RIGOLETTO
Ah, veglia o donna questo fiore
Che a te puro confidai
Veglia attenta e non sia mai
Che s'offuschi il suo candor
Tu dei venti dal furore
Ch'altri fiori hanno piegato
Lo difendi e immacolato
Lo ridona al genitor
Figlia mia... figlia mia... addio.

147. Ah mujer cuida a ésta flor
que a ti solo confió
cuídala mucho y no permitas
Que se dañe su candor
Defiéndela del furor del viento
que a otras flores ha dañado
la defiendes y la regresas
inmaculada a su progenitor
Hija mía... hija mía. Adiós.

GILDA
Quanto affetto quali cure.
Che temete padre mio?
Lassu in cielo presso Dio
veglia un angiol protettor.
Padre, mio padre... addio!

148. Cuánto afecto, cuánto cuidado.
¿A que le temes padre mío?
Arriba en el cielo cerca de Dios
vigila un ángel protector.
¡Padre, padre mío... adiós!

(Se abrazan y Rigoletto sale cerrando la puerta.)

(En el patio quedan Gilda, Giovanna y el Duque, más tarde llegarán a la calle Ceprano, Borsa y otros cortesanos.)

GILDA
Giovanna, ho dei rimorsi...

149. Giovanna, tengo remordimiento...

GIOVANNA
E perche mai?

150. ¿Y porque?

GILDA
Tacqui che un giovin ne seguiva
al tempio

151. No dije que un joven me ha seguido
al templo.

GIOVANNA
Perche cio dirgli? L'odiate dunque?
Cotesto giovin voi?

152. ¿Porque decirlo?
¿Acaso odias a ese joven?

GILDA
No, no che troppo è bello
E spira amore.

GIOVANNA
E magnanimo sembra e gran signore.

GILDA
Signor ne principe io lo vorrei
Sento che povero piu l'amerei
Sognando o vigile sempre lo chiamo
E l'alma in estasi gli dice t'a...

*(Emergiendo súbitamente y haciendo una seña a Giovanna
para que se retire, el Duque se arrodilla ante Gilda y termina su frase.)*

DUQUE
T'ama. T'amo ripetilo si caro accento.
Un puro schiudimi ciel di contento.

GILDA
Giovanna!... Ah, misera non v'e piu alcuno.
Che qui rispondimi! Oh Dio... nessuno.

DUQUE
Son io coll'anima che ti rispondo.
Ah due che s'amano son tutto un mondo.

GILDA
Chi mai chi giungere vi fece a me?

DUQUE
S'angelo o demone che importa te.
Io t'amo.

GILDA
Uscitene.

153. No, es muy apuesto
E inspira amor.

154. Es magnánimo y parece un gran señor.

155. Lo quiero aunque no sea príncipe
siento que si es pobre más lo amaré
Dormida o despierta siembre lo llamo
y mi alma en éxtasis le dice te a...

156. Te amo. Te amo, repítelo con tus palabras.
Ábreme el cielo.

157. ¡Giovanna!... Ah, cielos no está.
¡Nadie responde! Oh Dios... nadie.

158. Soy yo que te respondo con el alma.
Dos que se aman son todo un mundo.

159. ¿Quién te dejó entrar aquí?

160. Un angeló o un demonio, qué te importa.
Yo te amo.

161. Debes irte.

DUQUE
Uscire! Adesso!
Ora che asccendene un fuocco istesso!
Ah, inseparabile d'amore il Dio.
Stringeva o vergine tuo fato al mio.
E il sol dell'anima la vita e amore
Sua voce e il palpito del nostro core
E fama e gloria potenza e trono.
Umane fragili chi cose sono.
Una pur avvene sola divina.
E amor che agli angeli piu ne avvicina
adunque amiamoci donna celeste.
D'invidia agli uomini saró per te.

GILDA
Ah, de miei vergini sogni son queste.
Le voce tenere si care a me.

DUQUE
Che m'ami deh ripetimi.

GILDA
L'udiste.

DUQUE
Oh me felice!

GILDA
Il nome vostro ditemi
Saperlo non mi lice?

CEPRANO
Il loco è qui...

DUQUE
Mi nomino...

BORSA
Sta ben...

DUQUE
Gualtier Maldé
Studente osno... e povero...

GIOVANNA
Rumor di passi è fuori.

GILDA
Forse mio padre.

162. ¡Salir! ¡Ahora!
¡Ahora que se ha encendido un fuego!
Intenso, el Dios del amor ha unido
to destino al mío.
Es el sol del alma la vida y el amor
So voz es el palpitar de nuestro corazón
Es fama y gloria poder y trono.
Los humanos somos frágiles.
Solo una cosa es divina el amor que.
Nos lleva cerca de los ángeles
entonces amémonos mujer celeste.
Todos los hombres estarán envidiosos
por tu causa.

163. Estas son las palabras.
De mis sueños virginales.

164. Repíteme que me amas.

165. Me oíste.

166. ¡Estoy muy feliz!

167. ¿Dime tu nombre
o no debo saberlo?

(En la calle, a Borsa)
168. Este es el lugar...

169. Me llama...

(A Ceprano)
170. Está bien...

171. Gualtier Maldé
soy estudiante... pobre...

172. Oigo rumor de pasos afuera.

173. Quizás es mi padre.

DUQUE
Ah, cogliere potesi il traditori
Che si mi sturba.

174. Ah, si pudiera atrapar al traidor
que tanto me molesta.

GILDA
Adducilo
Di che al bastione... or ite.

(A Giovanna)
175. Condúcelo
a la terraza... vayan.

DUQUE
Di m'amerai tu?

176. ¿Dime... me amarás?

GILDA
E voi?

177. ¿Y tú?

DUQUE
L'intera vita... poi...

178. La vía entera... después...

GILDA
Non piu... non piu... partite...

179. No más... no más... vete...

DUQUE Y GILDA
Addio... speranza ed anima
Sol tu sarai per me
Addio... vivrá immutable
L'affeto mio per te.

180. Adiós... Serás para mí el alma
y la esperanza
Adiós... mi amor vivirá inmutable
por ti.

(El Duque sale escoltado por Giovanna. Gilda se queda mirando la puerta por done salen.)

GILDA
Gualtier Maldé nome di lui si amato
Ti scolpisci new core innamorato
Carol nome che il mio cor
festi pirmo palpitar
Le delizie dell'amor
Mi dei sempre rammentar
Col pensier il mio desir
A te sempre volerá
E fin l'ultimo sospir
Caro nome tuo sarà.

181. Gualtier Maldé nombre de mi amado
ha quedado gravado en mi corazón
enamorado. Querido nombre que a mi
corazón hace palpitar
Las delicias del amor
Me haces siembre recordar
Mi pensamiento y mi deseo
a ti siempre volarán
Y mi último suspiro
Querido nombre, tuyo será.

(Gilda sale a la terraza con una linterna.
En la calle Borsa, Marulla, Ceprano y los cortesanos armados y enmascarados.)

GILDA
Gualtier Maldé
E fin l'ultimo sospir
Caro nome tuo sarà.

182. Gualtier Maldé
y mi último suspiro
querido nombre tuyo será.

BORSA
E la.

183. Ahí está ella.

CEPRANO
Miratela.

184. Mírenla.

CORO
Oh quante è bella.

185. Qué bella es.

MARULLO
Par fata or angiol.

186. Parece un ángel celestial.

CORO
L'amante è quella
Di Rigoletto.

187. Esa es la amante
de Rigoletto.

(Llega Rigoletto preocupado.)

RIGOLETTO
Riedo!... Perché?

188. ¡Regreso!... ¿Por qué?

BORSA
Silenzio... all'opra... badate a me.

189. Silencio... a trabajar... síganme.

RIGOLETTO
Ah, da quel vecchio fui maledetto.

190. Fui maldecido por aquel viejo.

Chi va lá?

(En la obscuridad choca contra Borsa.)
¿Quién va?

BORSA
Tacete... c'è Rigoletto.

(A los demás)
191. Callen... es Rigoletto.

CEPRANO
Vittoria doppia! L'uccideremo.

192. ¡Doble victoria! Lo mataremos.

BORSA
No, che domani piu rideremo.

193. No, mañana más nos reiremos.

MARULLO
Or tutto aggiusto.

194. Todo está listo.

RIGOLETTO
Chi parla qua!

195. ¡Quien habla!

MARULLO
Ehi, Rigoletto?... Di?

196. ¿Ahi, Rigoletto?... ¿Te digo?

RIGOLETTO
Chi va lá?

197. ¿Quién está ahí?

MARULLO
Eh non mangiarci... Son.

198. No nos comas... soy yo.

RIGOLETTO
Chi?

199. ¿Quien?

MARULLO
Marullo.

200. Marullo.

RIGOLETTO
In tanto tbuoio lo sguardo e nullo.

201. Con tanta obscuridad, no se ve nada.

MARULLO
Qui ne condusse ridevol cosa
Tórre a Ceprano voglian la sposa.

202. Nos trae aquí una cosa incómoda
Vamos a raptar a la esposa de Ceprano.

RIGOLETTO
Ahimé respiro! Ma come entrare?

203. ¡Qué alivio! ¿Cómo entrarán?

MARULLO
La vosta chiave?

204. *(a Ceprano)*
¡Tienes la llave?

Non dubitare.
Non dee mancarci lo stratagemma.

(A Rigoletto.)
No dudes.
Nuestro plan no fallará.

Ecco la chiave...

(Le da la llave de Ceprano.)
Aquí está la llave.

RIGOLETTO
Sento il suo stemma
(Ah, terror vano fu dunque il mio.)
N'e la il palazzo, con voi son io.

205. *(Palpando)*
Siento su forma
(A mi terror fue infundado.)
Ahí está el palacio, estoy con ustedes.

MARULLO
Siam mascherati...

206. Estamos enmascarados...

RIGOLETTO
Ch'io pur mi mascheri
A me una larva.

207. Debo enmascararme
Denme una máscara.

MARULLO
Si pronta e gia.

208. Aquí hay una para ti.

*(Le pone un antifaz y encima de él un pañuelo, lo llevan a sostener una escalera
que han puesto en contra de la terraza de la casa del bufón.)*

Terrai la scala!

¡Sostén l escalera!

RIGOLETTO
Fitta è la tenebra.

209. Está muy obscuro.

MARULLO
La benda cieco e sordo il fa.

210. Quedó sordo y ciego con la venda.

TODOS
Zitti zitti mouviamo a vendetta
Ne sia colto or che meno l'aspetta
Derisore si audace constante
A sua volta schenito sarà
Cheti cheti rubiamgli l'amante
e la corte doman riderá
Attenti a l'opra.

211. Despacio vamos tras la venganza
contra el que menos la espera
El que siempre ese burlón
a su vez el burlado será
Shh, shh robemos su amante
Y la corte mañana reirá
Manos a la obra.

(Algunos suben a la terraza, forzar la puerta del primer piso, bajan y abren la puerta a los demás, que entran de la calle. Suben de nuevo toman a Gilda, la amordazan y cuando se la llevan, ella deja caer una pañoleta.)

GILDA
Soccorso padre mio!

(Desde lejos)
212. ¡Socorro padre mío!

CORO
Vittoria!

213. ¡Victoria!

GILDA
Aita!

214. ¡Auxilio!

RIGOLETTO
Non han finito ancor!... Qual derisione!

215. ¡Aun no terminan!... ¡Que burla!

(Se toca los ojos.)
Sono bendato!
¡Estoy vendado!

(Se arranca el antifaz y el pañuelo y a la luz de una linterna que abandonaron reconoce la mascada de Gilda, mira la puerta abierta, entra, mira a la aterrorizada Giovanna. Con gran esfuerzo y dolo exclama.)

Ah... la maledizione!
¡Ah... la maldición!

(Se desmaya.)

Acto Secundo

Un salón en el palacio Ducal. En una de las paredes cuelgan dos cuadros,
uno del Duque y otro de su esposa en tamaño natural.

DUQUE
Ella mi fu rapita! E quando, o ciel...
ne'brevi istanti,
prima che il mio presagio interno
sull'orma corsa ancora mi spingesse!
Schiuso era l'uscio!... E la magion deserta!
E dove ora sarà quell'angiol caro?...
colei che prima potè in questo core
destar la fiamma di costanti affetti?...
Colei sì pura, al cui modesto sguardo
quasi spinto a virtù talor mi credo!...
Ella mi fu rapita!
E chi l'ardiva?... Ma ne avrò vendetta:
lo chiede il pianto della mia diletta.

Parmi veder le lagrime
scorrenti da quel ciglio,
quando fra il dubbio e l'ansia
del subito periglio,
dell'amor nostro memore,
il suo Gualtier chiamò.
Ned ei potea soccorrerti,
cara fanciulla amata,
ei che vorria coll'anima
far ti quaggiù beata;
ei che le sfere agli angeli,
per te non invidiò.

216. ¡Ella me fue raptada! Cuando, o cielo...
¡Y qué rápido, en el momento
en que un presagio interno
me hizo regresar!
¡Abierta la puerta!... ¡La casa desierta!
¿Y en donde estará mi ángel querido?...
¡Ella que logró despertar en mi corazón
la flama de constante amor?...
¡Ella con su mirada pura me envuelve
con su virtud!...
¡Ella me fue raptada!
¿Y quién se atrevió?... Pero habrá venganza...
Lo pide con su llanto mi amada.

Me parece ver las lágrimas
Escurriendo de sus ojos,
cuando ante el temor
del súbito peligro,
de nuestro ramo hizo memoria,
ella amó a su Gualtier.
Y el no pudo socorrerte,
querida muchachita amada
el que daría su alma
por hacerte feliz;
el que por ti no envidia,
la esfera de los ángeles.

(Llegan Marulla, Bora y los otros cortesanos.)

TODOS
Duca, duca?

217. ¿Duque, Duque?

DUQUE
Ebben?

218. ¿Y bien?

TODOS
L'amante fu rapita a Rigoletto.

219. La amante le fue raptada a Rigoletto.

DUQUE
Come? E donde?

TODOS
Dal suo tetto.

DUQUE
Ah, ah! dite, come fu?

TODOS
Scorrendo uniti remota via,
brev'ora dopo caduto il dì,
come previsto ben s'era in pria,
rara beltà.
Era l'amante di Rigoletto,
che, vista appena, si dile guò.
Già di rapirla s'avea il progetto,
quando il buffon
vêr noi spuntò;
che di Ceprano noi la contessa.
Rapir volessimo, stolto crede
la scala, quindi, all'uopo messa,
bendato, ei stesso ferma tenè,
Salimmo, e rapidi la giovinetta
a noi riusciva quindi asportar.
Quand'ei s'accorse della vendetta
restò scornato ad imprecar, ad imprecar.

DUQUE
Cielo!... È dessa!... La mia diletta!
Ma dove or trovasi la poveretta?

TODOS
Fu da noi stessi addotta or qui.

DUQUE
Ah, tutto il ciel non mi rapì!...
Possente amor mi chiama,
volar io deggio a lei;
il serto mio darei
per consolar quel cor.
Ah! Sappia alfin chi l'ama,
conosca alfin chi sono,
apprenda ch'anco in trono
ha degli schiavi Amor.

(Sale de prisa.)

TODOS
Oh qual pensier or l'agita, or l'agita?
come cangiò d'umor, cangiò d'umor!

220. ¡Como! ¿Y dónde?

221. ¡De su casa!

222. ¿Ah, ah dime cómo fue?

223. Explorando juntos una calle lejana,
después del ocaso,
descubrimos una rara belleza,
y como lo esperábamos.
Era la amante de Rigoletto
apenas la vimos, y desapareció.
Ya teníamos el plan para raptaría,
cuando de repente llegó el bufón
y le hicimos creer raptaríamos que;
a la Condesa Ceprano.
Pusimos la escalera
y el la sostuvo con firmeza
subimos y tomamos
a la jovencita
y la trajimos con nosotros.
Y cuando él se dio cuenta de la venganza
ahí se quedó maldiciendo.

224. ¡Cielos!... ¡Es ella!... ¡Mi amor!
¿Y en donde está la pobrecita?

225. La trajimos aquí.

226. ¡Ah, el cielo no me quitó nada!...
Un amo poderoso me llama,
debo volar a ella;
le entregaré mi cetro
para consolar su corazón.
Y sepa al fin quien la ama,
y sepa al fin quien soy,
y que sepa que en el trono
tiene un esclavo de amor.

227. ¿Qué pensamiento lo agita?
¡Cómo cambió de humor!

(Entra Rigoletto fingiendo indiferencia.)

RIGOLETTO
La rà, la rà, la la, la rà, la rà, la rà,
la rà la rà, la la, la rà, la rà.

228.   La rà, la rà, la la, la rà, la rà, la rà,
la rà la rà, la la, la rà, la rà.

MARULLO
Povero Rigoletto!...

229.   ¡Pobre Rigoletto!...

RIGOLETTO
La rà, la rà, la la, la rà, la rà, la rà,
la rà la rà, la la, la rà, la rà.

230.   La rà, la rà, la la, la rà, la rà, la rà,
la rà la rà, la la, la rà, la rà.

TODOS
Ei vien!... Silenzio.

231.   ¡Ahí viene!... Silencio.

TODOS
Oh buon giorno, Rigoletto...

232.   Oh buenos días, Rigoletto...

RIGOLETTO
Han tutti fatto il colpo!

233.   ¡Entre todos dieron el golpe!

CEPRANO
Ch'hai di nuovo, buffon?

234.   ¿Qué hay de nuevo, bufón?

RIGOLETTO
Ch'hai di nuovo, buffon?...
Che dell'usato
Più nojoso voi siete.

235.   ¿Qué hay de nuevo, bufón?
Que ustedes son más
odiosos que nunca.

TODOS
Ah ah ah!

236.   ¡Ja ja ja!

(Buscando ansioso hacia todos lados.)

RIGOLETTO
Ove l'avran nascosta?...

237.   ¿En dónde la habrán escondido?

TODOS
Guardate com'è inquieto... si... si!

238.   ¡Miren cómo está preocupado... si... si!

(A marullo.)

RIGOLETTO
Son felice
che nulla a voi nuocesse
l'aria di questa notte.

239.   Estoy contento
de que el aire de la noche
no les haya hecho daño.

MARULLO
Questa notte!...

240.   ¡Esta noche!

RIGOLETTO
Sì... Oh fu il bel colpo!...

241.   Si... ¡Fue una buena broma!

MARULLO
S'ho dormito sempre!

242.   ¡Estuve dormido!

RIGOLETTO
Ah, voi dormiste!...
Avrò dunque sognato!...

243. ¡Ah, dormiste!...
¡Entonces estuve soñando!...

(Toma un pañuelo de una mesa y lo examina en busca de evidencias.)

TODOS
Ve', ve, come tutto osserva!

244. ¡Vean como lo examina todo!

RIGOLETTO
Non è il suo.
Dorme il Duca tuttor?

245. No es el de ella.
¿Aun duerme el Duque?

TODOS
Sì, dorme ancora.

246. Si aún duerme.

PAGGIO
Al suo sposo parlar vuolla Duchessa.

247. La duquesa desea hablar con su esposo.

CEPRANO
Dorme.

248. Él duerme.

PAGGIO
Qui or or con voi non era?...

249. ¿Qué no estaba aquí con ustedes?...

BORSA
È a caccia...

250. Se fue de cacería...

PAGGIO
Senza paggi!... senz'armi!...

251. ¿Sin pajes?... ¿Sin armas?...

TODOS
E non capisci che per ora
vedere non può alcuno?...

252. ¿Que no entiendes
que por ahora nadie lo puede ver?...

RIGOLETTO
Ah... ella è qui dunque!...
Ella è col Duca!...

253. ¡Ah... ella está aquí entonces!...
¡Ella está con el Dique!...

TODOS
Chi?

254. ¿Quién?

RIGOLETTO
La giovin che sta notte
al mio tetto rapiste...
Ma la saprò riprender... Ella è la...

255. La joven que raptaron anoche
de mi casa pero yo la rescataré...
Ella está aqui...

TODOS
Se l'amante perdesti,
la ricerca altrove.

256. Si la amante perdiste,
alguien más la encontró.

RIGOLETTO
Io vo' mia figlia!...

257. ¡Quiero a mi hija!...

TODOS
La sua figlia!...

258. ¡Su hija!...

RIGOLETTO
Sì... la mia figlia... D'una tal vittoria...
che?... adesso non ridete?...

259. Si... mi hija... ¿No se están riendo
de tal victoria?...

(Rigoletto corre hacia la puerta central pero los cortesanos lo bloquean.)

Cortigiani, vil razza dannata,
per qual prezzo vendeste il mio bene?
A voi nulla per l'oro sconviene!...
Ma mia figlia è impagabil tesor.
La rendete... o se pur disarmata,
questa man per voi fora cruenta;
nulla in terra più l'uomo paventa,
se dei figli difende l'onor.
Quella porta, assassini, m'aprite.

¡Cortesanos, vil raza maldita,
por cual precio la vendieron
para ustedes el oro lo es todo pero!...
Mi hija es un tesoro impagable.
Regrésenmela... a aun sin armas
mis manos se teñirán de sangre;
El hombre que defiende el honor de su hija,
a nada le teme en la tierra.
Ábranme la puerta asesinos.

(Se abalanza contra la puerta y de nuevo es detenido con violencia por los cortesanos quienes lo derriban.)

Ah! voi tutti a me contro venite!...

¡Todos ustedes están en mi contra!...

(Lloritando suplicante, impotente.)

Ebben, piango... Marullo... Signore,
tu ch'hai l'alma gentil come il core,
dimmi tu dove l'hanno nascosta?...
È là? non è vero? tu taci!... ohimè!
Miei signori... perdono, pietate...
al vegliardo la figlia ridate...
ridonarla a voi nulla ora costa,
tutto al mondo è tal figlia per me.
Pietà, pietà, signori, pietà.

Lloro... Marulla... ¿Señor...
tu tienes una alma gentil,
dime en donde la ocultaron?
¿Está ahí verdad? ¡Callas... cielos!
Señores míos, perdón... piedad
regresen su hija a éste viejo
eso nada les cuesta
ella es todo el mundo para me.
Piedad, piedad, señores, piedad.

(Gilda sale corriendo de un cuarto y se arroja a los brazos de su padre.)

GILDA
Mio padre!

260. ¡Padre mío!

RIGOLETTO
Dio! Mia Gilda!...
Signori... in essa... è tutta la mia famiglia...
Non temer più nulla, angelo mio...

261. ¡Dios! ¡Mi Gilda!...
Señores... ella es toda mi familia
No temas más, ángel mío...

(A los cortesanos.)
¿Fue una broma verdad?
Yo que lloré ahora rio...

Fu scherzo!... non è vero?
Io che pur piansi orrido...

E tu a che piangi?...

GILDA
Ah... l'onta, padre mio...

RIGOLETTO
Cielo!... Che dici?

GILDA
Arrosir voglio innanzi a voi soltanto...

RIGOLETTO
Ite di qua, voi tutti...
Se il duca vostro d'appressarsi osasse,
ch'ei non entri, gli dite, e ch'io ci sono.

TODOS
Coi fanciulli e co'dementi
spesso giova il simular.
Partiam pur, ma quel ch'ei tenti
non lasciamo d'osservar.

RIGOLETTO
Parla... siam soli...

GILDA
Ciel... dammi coraggio!
Tutte le feste al tempio
mentre pregava Iddio,
bella e fatale un giovine
offriasi al guardo mio...
Se i labbri nostri tacquero,
dagl'occhi il cor, il cor parlò.
Furtivo fra le tenebre
sol ieri a me giungeva...
Sono studente, povero,
commosso mi diceva,
e con ardente palpito
amor mi protestò.
Partì... il mio core aprivasi
a speme più gradita,
quando improvvisi apparvero
color che m'han rapita,
e a forza qui m'addussero
nell'ansia più crudel.

(A Gilda.)
¿Y tu porqué lloras?...

262. ¡Ah... mi honra, padre mío!

263. ¡Cielos!... ¿Qué dices?

264. A solas quiero contarte mi pena...

265. Salgan ustedes de aquí...
Si su Duque se atreva a acercarse,
díganle que yo estoy aquí.

266. Con niños y con dementes
es mejor disimular.
Partamos pero, no dejemos
de observarlo.

(Salen.)

267. Habla... estamos solos...

268. ¡Cielo... dame valor!
En todas las misas del templo
mientras le rezaba a Dios
bello y fatal un joven
Se aparecía ente mi mirada...
Si nuestros ojos el corazón habló.

Furtivo entre las tinieblas
anoche vino a verme...
soy estudiante, pobre,
cariñoso me decía,
y con ardiente palpitar
su amor me protestó.
Luego partió... dejando en mi corazón
grandes esperanzas,
luego de improviso aparecieron
los hombres que me raptaron,
y a fuerza aquí me trajeron
con una angustia muy cruel.

RIGOLETTO
Ah! Solo per me l'infamia
a te chiedeva, o Dio...
Ch'ella potesse ascendere
quanto caduto er'io...
Ah presso del patibolo
Bisogna ben l'altare!...
Ma tutto, ma tutto ora scompare...
l'altare... si rovesciò!
Ah, piangi! piangi fanciulla,
scorrer fa il pianto sul mio cor.

GILDA
Padre, in voi parla un angel
per me consolator.

RIGOLETTO
Compiuto pur quanto a fare mi resta...
lasciare potremo quest'aura funesta.

GILDA
Sì

RIGOLETTO
E tutto un sol giorno cangiare potè!...

(Los cortesanos, un ujier, el Conde Monterone flanqueado por dos guardias cruzan la estancia.)

UGIERE
Schiudete... ire al carcere Monteron dee.

MONTERONE
Poichè fosti invano da me maledetto, nè
un fulmine o un ferro colpiva il tuo petto.
Felice pur anco, o duca, vivrai!...

RIGOLETTO
No, vecchio t'inganni...
Un vindice avrai!

Sì, vendetta, tremenda vendetta
di quest'anima è solo desio...
di punirti già l'ora saffretta,
che fatale per te tuonerà.
Come fulmin scagliato da Dio,
te colpire il buffone saprà.

269. Si esta infamia se hubiera cometido
solo conmigo, oh Dios...
Ella se podría levantar
aunque yo hubiera caído...
al patíbulo.
¡Ella podría ir al altar!...
¡Pero todo, se ha perdido...
el altar... ya se perdió!
Llora mi niña y deja correr,
tu llanto sobre mi corazón.

270. Padre, en ti hable un ángel
que me consuela.

271. Algo me queda por hacer y entonces...
podremos dejar este lugar funesto.

272. Si.

273. ¡En un solo día cambió todo!...

274. Abran... paso Monterone va a la cárcel.

275. En vano te maldije, ningún
rayo ni espada hirieron tu pecho.
¡Vivirás feliz para siempre, oh Duque!...

(Salen.)

276. No viejo... te engañas...
¡Habrá una venganza!

Si, venganza, tremenda venganza
es el único deseo de ésta alma...
se acerca la hora de tu castigo,
que va a ser fatal para ti.
El bufón se encargará de,
aplicarte el castigo de Dios.

GILDA

O mio padre, qual gioja feroce
balenarvi ne gl'occhi vegg'io!...
Perdonate, a noi pure una voce
di perdono dal cielo verrà.
Mi tradiva, pur l'amo, gran Dio!
Per l'ingrato ti chiedo pietà!

277. ¡Oh padre que feroz alegría
veo brillar en tus ojos!...
Perdónalo, una voz de perdón
desde el cielo vendrá.
¡Me traicionó pero lo amo Gran Dios!
¡Para el ingrato te pido piedad!

(Salen.)

Acto Tercero

La ribera derecho del Río Mincio, a la izquierda una ruinosa casa de dos pisos cuyo frente mira hacia el río.
En la planta baja una taberna. En la planta alta un cuarto con un camastro.
La pared de enfrente tiene grietas que permiten mirar hacia adentro.
Este lugar es el guarido de Sparafucile. Es de noche.
Gilda y Rigoletto afuera de la taberna, adentro Sparafucile.

RIGOLETTO
E l'ami?

278. ¿Y lo amas?

GILDA
Sempre.

279. Siempre.

RIGOLETTO
Pure tempo a guarirne t'ho lasciato.

280. Te he dado tiempo para que lo olvides.

GILDA
Io l'amo.

281. Yo lo amo.

RIGOLETTO
Povero cor di donna!...
Ah il vile infame!...
Ma ne avrai vendetta, o Gilda...

282. ¡Pobre corazón de mujer!...
¡El vil infame!...
Pero habrá venganza oh Gilda...

GILDA
Pietà, mio padre!...

283. ¡Piedad padre mío!...

RIGOLETTO
E se tu certa fossi ch'ei ti tradisse,
l'ameresti ancora?

284. ¿Y si estuvieras segura
de su traición, aun lo amarías?

GILDA
Nol so... ma pur m'adora.

285. No lo... sé pero él me adora.

RIGOLETTO
Egli!

286. ¡Deberás!

GILDA
Sì.

287. Sì.

RIGOLETTO
Ebben... osserva dunque.

288. Bien... entonces observa.

(La lleva hacia una grieta en la pared, ella mira.)

GILDA
Un uomo vedo.

289. Veo a un hombre.

RIGOLETTO
Per poco attendi.

290. Espera un poco.

(Entra el Duque en uniforme de oficial de caballería.)

GILDA
Ah, padre mio!

291. ¡Ah, padre mío!

DUQUE
Due cose, e tosto...

292. Quiero dos cosas... y rápido.

SPARAFUCILE
Quali?

293. ¿Cuales?

DUQUE
Una stanza e del vino...

294. Una estancia y vino...

RIGOLETTO
Son questi i suoi costumi!

295. ¡Estas son sus costumbres!

SPARAFUCILE
Oh, il bel zerbino!

296. ¡Oh, él es apuesto!

DUQUE
La donna è mobile
qual piuma al vento,
muta d'accento
e di pensiero.
Sempre un amabile
leggiadro viso,
in pianto o in riso.
È menzognero è sempre misero
chi a lei s'affida,
chi le confida
mal cauto il core!
Pur mai non sentesi felice appieno
chi su quel seno non liba amore!

297. La mujer es voluble
como pluma al viento,
vacía en sus palabras
y en su pensamiento.
Siempre con amable
y lindo rostro,
sea que llore o quería.
¡Será miserable todo aquel
tonto que a ella se acerque,
y que en ella confié
le romperá el corazón!
¡Y nunca será completamente feliz
aquel que de su seno no libe el amor!

SPARAFUCILE

(Retorna con una botella de vino y dos copas y las asienta en la mesa. Con el pomo de su espada golpea el techo dos veces y a ésta señal una hermosa y joven mujer vestida de gitana baja de prisa la escalera; el Duque corre a abrazarla pero ella lo elude. Sparafucile sale a la calle en busca de Rigoletto y le dice.)

È là il vostr'uomo...
Viver de o morire?

RIGOLETTO
Più tardi tornerò l'opra a compire.

DUQUE
Un dì, si ben rammentomi,
o bella, t'incontrai...
mi piacque di te chiedere,
e intesi che qui stai.
Or sappi, che d'allora
sol te quest'alma adora.

GILDA
Iniquo!...

MADDALENA
Ah, ah!...
E vent'altre appresso
le scorda forse a desso?
Ha un'aria il signorino
da vero libertino...

DUQUE
Sì... un mostro son...

GILDA
Ah, padre mio!...

MADDALENA
Lasciatemi, stordito!

DUQUE
Ih, che fracasso!

MADDALENA
Stia saggio!

DUQUE
E tu sii docile,
non far mi tanto chiasso.
Ogni saggezza chiudesi
nel gaudio e nell'amore...

La bella mano candida!...

MADDALENA
Scherzate voi, signore.

298.   Ahí está tu hombre...
¿Vive o muere?

299.   Regresaré más tarde a terminar este asunto.

(A Maddalena)
300.   Un día bien lo recuerdo,
oh bella te encontré...
desde entonces te he buscado,
y aquí te encontré.
Y desde entonces debes saber
que ésta alma te adora.

301.   ¡Villano!

302.   ¡Ah, ah!...
¿Quizás usted ya olvidó a cuántas
les ha dicho eso?
¡El señorito tiene un aire
de ser un libertino!

303.   Si... soy un monstruo...

304.   ¡Oh, padre mío!...

305.   ¡Déjame, abusivo!

306.   ¡Oh, qué fracaso!

307.   ¡Pórtese bien!

308.   Y tú sé dócil,
no hagas tanto ruido.
Ya no te resistas
a disfrutar del amor...

(Le tomas la mano)
¡Qué bella mano cándida!...

309.   Estás bromeando, señor.

DUQUE
No, no.

MADDALENA
Son brutta.

DUQUE
Abbracciami.

GILDA
Iniquo!

MADDALENA
Ebro!...

DUQUE
D'amor ardente.

MADDALENA
Signor l'indifferente,
vi piace canzonar?

DUQUE
No, no, ti vo'spossar.

MADDALENA
Ne voglio la parola...

DUQUE
Amabile figluola!

RIGOLETTO
E non ti basta ancor?

GILDA
Iniquo traditor!

DUQUE
Bella figlia dell'amore,
schiavo son de'vezzi tuoi;
con un detto, un detto sol tu puoi
le mie pene, le mie pene consolar.
Vieni e senti del mio core
il frequente palpitar.

MADDALENA
Ah, ah! Rido ben di core,
chè tai baje costan poco.
Quanto valga il vostro gioco,
mel credete so apprezzar.
Son avvezza, bel signore,
ad un simile scherzare.

310. No, no.

311. Soy tonta.

312. Abrázame.

313. Villano.

314. ¡Estas ebrio!...

315. De amor ardiente.

316. ¿Señor indiferente,
te gusta burlarte de me?

317. No, no, quiero casarme contigo.

318. Quiero que me des tu palabra.

319. ¡Amable muchachita!

320. ¿No te basta con todo eso?

321. ¡Villano traidor!

322. Bella hija del amor,
esclavo soy de tus encantos;
con una sola palabra tu puedes
mis penas consolar.
Ven y siente de mi corazón
su rápido palpitar.

323. ¡Ja, ja! Deberás que me rio,
de tus halagos baratos.
Y del valor de tu juego,
que yo sé bien apreciar.
Estoy acostumbrada, guapo señor,
a éste tipo de juegos.

GILDA
Ah, così parlar d'amore
a me pur l'infame ho udito!
Infelice cor tradito,
per angoscia non scoppiar.
Perché o credulo mio core
Un tal uom devevi amar?

RIGOLETTO
Taci, il piangere non vale,
Ch'ei mentiva, ch'ei mentiva.
Taci, e mia sarà la cura
la vendetta d'affrettar,
pronta fia sarà fatele,
io saprollo fulminar!

RIGOLETTO
M'odì... ritorna a casa...
oro prendi, un destriero,
una veste viril che t'apprestai,
e per Verona parti...
Sarovvi io pur doman...

GILDA
Or venite...

RIGOLETTO
Impossibil.

GILDA
Tremo.

RIGOLETTO
Va!

324. ¡Esas palabras de amor
son las que me dijo el infame!
Infeliz corazón traicionado,
para no-socorro mis entrañas estallando.
¿Porque tienes que amar
y rendirte a un hombre como ese?

(A Gilda)
325. Calla, no vale la pena llorar,
ahora estas segura, de que él mentía.
¡Calla, que yo pondré el remedio
la venganza ya se acerca,
será rápida y fatal,
yo lo sabré fulminar!

326. Escucha... regresa a casa...
toma dinero, un caballo,
vístete con la ropa de hombre que te dejé,
y parte para Verona...
Mañana estaré contigo...

327. Ven conmigo...

328. Imposible.

329. Yo tiemblo.

330. ¡Vete!

Gilda se va. El Duque y Maddalena continúan hablando y bebiendo. Rigoletto y Sparafucile hablan de dinero.

RIGOLETTO
Venti scudi hai tu detto?...
Eccone dieci; e dopo l'opra il resto.
Ei qui rimane?

SPARAFUCILE
Sì.

RIGOLETTO
Alla mezzanotte ritornerò.

SPARAFUCILE
Non calle.
A gettarlo ne fiume basto io solo.

331. ¿Dijiste veinte escudos?...
Aquí tienes diez; y al terminar el resto.
¿Él se queda aquí?

332. Si.

333. Regresaré a la media noche.

334. No es necesario.
Para arrojarlo al rio me basto solo.

RIGOLETTO
No, no, il vo' far io stesso.

335. No, no quiero hacerlo yo mismo.

SPARAFUCILE
Sia!... Il suo nome?

336. ¡Así sea!... ¿Cuál es su nombre?

RIGOLETTO
Vuoi sa per anche il mio?
Egli è Delitto, punizion son io.

337. ¿Quieres saber el mío también?
El de él es Delito, el mío es Castigo.

(Parte Rigoletto, se avecina una tormenta.)

SPARAFUCILE
La tempesta è vicina!...
Più scura fia la notte.

338. ¡Se aproxima la tempestad!...
Más obscura será la noche.

DUQUE
Maddalena...

(Trata de abrazarla.)
339. Maddalena...

MADDALENA
Aspettate... mio fratello viene...

340. Espera... viene mi hermano...

DUQUE
Che importa?

341. ¿Y eso qué importa?

MADDALENA
Tuona!

342. ¡Truenos!

SPARAFUCILE
E pioverà fra poco.

343. Lloverá dentro de poco.

DUQUE
Tanto meglio!
Tu dormerai
in scuderia... all'inferno...
ove vorrai...

344. ¡Tanto mejor!
Tú dormirás
en el establo... en el infierno...
o en donde quieras...

SPARAFUCILE
Oh, grazie.

345. Gracias.

MADDALENA
Ah, no, partite.

(A Duque)
346. Ah, no, váyase.

DUQUE
Con tal tempo?

(A Maddalena)
347. ¿Con éste tiempo?

SPARAFUCILE
Son venti scudi d'oro.

(A Maddalena)
348. Son veinte escudos de oro.

Ben felice d'offrirvi
la mia stanza...
Se a voi piace tosto a vederla andiamo.

(A Duque)
Estoy muy contento
do ofrecerle mi estancia...
Si le place vamos a verla.

DUQUE
Ebben! Sono con te... presto... vediamo.

349. ¡Bien! Vamos a verla...

MADDALENA
Povero giovin!... Grazioso tanto!
Dio, qual notte è questa!

350. ¡Pobre joven!... ¡Encantador!
¡Dios, qué noche!

DUQUE
Si dorme all'aria aperta?
Bene, bene!... Buona notte.

351. ¿Se duerme al aire libre?
¡Bien, bien!... Buenas noches.

SPARAFUCILE
Signor, vi guardi Iddio...

352. Señor, que Dios lo cuide...

DUQUE
Breve sonno dormiam, stanco son io.
La donna è mobile
qual piuma al vento,
muta d'accento
e di pensiero...

353. Dormiré un poco, estoy cansado.
La mujer es voluble
como pluma al viento,
vacía en sus palabras
y en su pensamiento...

*(Se quita el sombrero y la espada, se acuesta en la cama y pronto se duerme.
Mientras Sparafucile y Maddalena en la mesa beben de la botella que dejó medio vacía el Duque.)*

MADDALENA
È amabile in vero co tal giovinotto!

354. ¡De verdad es encantador el joven!

SPARAFUCILE
Oh sì, venti scudi ne dà di prodotto.

355. Oh sí, me ha producido veinte escudos.

MADDALENA
Sol venti?... Son pochi!...
Valeva di più.

356. ¿Solo veinte?... ¡Son pocos!...
Valía más.

SPARAFUCILE
La spada, s'ei dorme, va...
portami giù.

357. Ve por la espada, si duerme...
me la traes.

*(Gilda regresa vestida de hombre y lentamente se acerca a la taberna.
La tormenta está a punto de llegar.)*

GILDA
Ah, più non ragiono!...
Amor mi trascina!...
Mio padre, perdono...
Qual notte d'orrore!...
Gran Dio, che accadrà!

358. ¡Ah, ya no puedo razonar!...
¡El amor me trae de nuevo!...
Perdóname, padre...
¡Qué noche de horror!...
¡Gran Dios, qué va a pasar!

MADDALENA
Fratello?...

(Regresa con la espada y la coloca sobre la mesa.)
359. ¿Hermano?

GILDA
Chi parla?...

360. ¿Quién habla?

(Observa por la grieta.)

SPARAFUCILE
Al diavol ten va...

361. Vete al diablo...

MADDALENA
Somiglia un Apollo quel giovine...
Io l'amo... Ei m'ama, riposi...
Nè più l'uccidiamo.

362. El joven se parece a Apolo...
Yo... lo amo... El me ama, reposa...
No lo matemos.

GILDA
Oh cielo!

363. ¡Oh cielo!...

SPARAFUCILE
Rattoppa quel sacco...

364. Remienda ese saco...

MADDALENA
Perchè?

365. ¿Para qué?

SPARAFUCILE
Entr'esso il tuo Apollo,
sgozzato da me, gettar dovrò al fiume...

366. En él arrojaré al rio a tu Apolo
cuando lo haya matado...

GILDA
L'inferno qui vedo!

367. ¡Aquí veo al infierno!

MADDALENA
Eppure il danaro salvar tio scommetto,
serbandolo in vita.

368. Yo ganaré el dinero para pagarte,
si lo dejas con vida.

SPARAFUCILE
Difficile il credo.

369. Está difícil creerlo.

MADDALENA
M'ascolta... anzi facil ti svelo un progetto.
De'scudi già dieci dal gobbo ne avesti;
venire cogl'altri più tardi il vedrai...
Uccidilo e, venti allora ne avrai.

370. Escucha... tengo un nuevo plan.
Ya tienes diez escudos del jorobado;
y cuando él venga más tarde con el resto...
Lo matas y entonces tendrás los veinte.

GILDA
Che sento! Mio padre!

371. ¡Qué oigo!... ¡Mi padre!

MADDALENA
Così tutto il prezzo goder si potrà...

372. Así tendrás toda tu paga...

SPARAFUCILE
Uccider quel gobbo!...
che diavol dicesti!
Un ladro son forse?...
Son forse un bandito?...
Qual altro cliente da me fu tradito?...
Mi paga quest'uomo...
fedele m'avrà.

MADDALENA
Ah, grazia per esso!

SPARAFUCILE
È duopo ch'ei muoja...

MADDALENA
Fuggire il fo adesso!...

GILDA
Oh buona figliuola!...

SPARAFUCILE
Gli scudi perdiamo.

MADDALENA
È ver!...

SPARAFUCILE
Lascia fare...

MADDALENA
Salvarlo dobbiamo,
salvarlo dobbiamo.

SPARAFUCILE
Se pria ch'abbia il mezzo
la notte toccato.
Alcuno qui giunga, per esso morrà.

MADDALENA
È buja la notte, il ciel troppo irato,
nessuno a quest'ora da qui passerà.

GILDA
Oh, qual tentatzione!...
Morir per l'ingrato?...
Morire, e mio padre!...
Oh cielo, pietà!

373. ¡Matar al jorobado!...
¡Qué diablos dijiste!
¿Acaso soy un ladrón?...
¿Acaso soy un bandido?...
¿A cuál otro cliente he traicionado?...
Este hombre me paga...
y yo le soy fiel.

374. ¡Por favor no lo mates!

375. Él debe morir...

376. ¡Le avisaré para que huya!...

377. ¡Qué buena muchacha!...

378. Perderemos el dinero.

379. ¡Es verdad!...

380. Déjame hacerlo...

381. Debemos salvarlo,
debemos salvarlo.

382. Si alguien llega antes
de la media noche.
Podrá morir en su lugar.

383. La noche es obscura, el cielo enojado
nadie a ésta hora por aquí pasará.

384. ¡Oh qué tentación!...
¿Morir por ese ingrato?...
¡Morir! ¡Y mi padre!...
¡Oh cielo, piedad!

(Suena la campanada de las once y media.)

49

SPARAFUCILE
Ancor c'è mezzz'ora.

385. Tenemos media hora.

MADDALENA
Attendi, fratello...

386. Espera, hermano...

GILDA
Che! Piange tal donna!...
N'è a lui darò aita!...
Ah, s'egli al mio amore divenne rubello,
io vo'per la sua gettar la mia vita!

387. ¡Como! ¡Una mujer de esas llorando!...
¡Y yo no lo estoy ayudando!...
¡Aun cuando él traicionó mi amor,
yo por la suya cambiaré mu vida!

(Toca la puerta.)

MADDALENA
Si picchia?

388. ¿Tocan la puerta?

SPARAFUCILE
Fu il vento...

389. Fue el viento...

(Gilda toca de nuevo.)

MADDALENA
Si picchia, ti dico.

390. Te digo, que tocan.

SPARAFUCILE
È strano!...

391. ¡Qué extraño!...

MADDALENA
Qui è?

392. ¿Quién es?

GILDA
Pietà d'un mendico;
asil per la notte a lui concedete.

393. Tengan piedad de un mendigo
Concédanle asilo por ésta noche.

MADDALENA
Fia lunga tal notte!

394. ¡Será una larga noche!

SPARAFUCILE
Al quanto attendete.

395. Espera un momento.

(Va a buscar en un cajón.)

MADDALENA
Su, spicciati, presto, fa l'opra compita:
Anelo una vita... con altra salvar.

396. Rápido termina tu trabajo:
Salvaremos una vida... al costo de otra.

SPARAFUCILE
Ebbene, son pronto, quell'uscio dischiudi;
più ch'altro gli scudi mi preme salvar.

397. Bien, estoy listo abre la puerta;
más que otra cosa quiero salvar mi dinero.

GILDA

Ah, presso alla morte,
sì giovine, sono!
Oh ciel!
Per quegl'empi ti chieggo perdono!
Perdona tu o padre a questa infelice
Sia l'uomo felice ch'or vado a salvar.

398. ¡Ah, tan joven que soy,
y tan cerca de la muerte!
¡Oh cielo!
¡Te pido perdón para éstos villanos!
Perdona tu oh padre a ésta infeliz
Que sea feliz el hombre que voy a salvar.

MADDALENA

Spicciati!

399. ¡Date prisa!

SPARAFUCILE

Apri!

400. ¡Abre!

MADDALENA

Entrate!

401. ¡Entra!

GILDA

Dio!... Loro perdonate!

402. ¡Dios!... ¡Perdónalos!

(Sparafucile se sitúa detrás de la puerta blandiendo una daga Maddalena abre y corre hacia adentro. Gilda entra, Sparafucile Cierra la puerta detrás de ella y la apuñala y todo queda Envuelto en silencio y obscuridad.)

RIGOLETTO

(Llega envuelto en su capa, la tormenta ha terminado solo algunos truenos y relámpagos a lo lejos.)

Della vendetta alfin giunge l'istante!
Da trenta dì l'aspetto
di vivo sangue a lagrime piangendo,
sotto la larva del buffon...
Quest'uscio è chiuso!...
Ah, non è tempo ancor!...
S'attenda.
Qual notte di mistero!
Una tempesta in cielo!...
In terra un omicidio!...
Oh come in vero qui grande mi sento!...

403. ¡Al fin llegó el instante de la venganza!
La espero desde hace treinta días
llorando lágrimas de sangre,
bajo la máscara del bufón...
¡Esta es la puerta!... Está cerrada...
¡Ah, aun no es la hora!...
Esperaré.
¡Qué noche de misterio!
¡Una tempestad en el cielo!...
¡En la tierra un homicidio!...
¡Oh, deberás que grande me siento!...

(Se escuchan las doce campanadas de la media noche.)

Mezzanotte.

Media noche.

SPARAFUCILE

Chi è là?

404. ¿Quién es?

RIGOLETTO

Son io!...

405. ¡Soy yo!...

SPARAFUCILE

Sostate!

406. ¡Un momento!

È qua spento il vostr'uomo!...

RIGOLETTO
Oh gioja!... Un lume!...

SPARAFUCILE
Un lume?... No, il danaro.

Lesti, all'onda il gettiam...

RIGOLETTO
No... basto io solo.

SPARAFUCILE
Come vi piace...
Qui men atto è il sito...
più avanti è più profondo il gorgo...
Presto, che alcun non vi sorprenda...
Buona notte.

(Regresa a casa.)

RIGOLETTO
Egli è là!... Morto!...
Oh sì!... Vorrei vederlo!
Ma che importa!... È ben desso!...
Ecco i suoi sproni!...
Ora mi guarda, o mondo!...
Quest'è un buffone,
ed un potente è questo!
Ei sta sotto i miei piedi!...
È desso!... Oh gioja!...
È giunta alfine
la tua vendetta, o duolo!...
Sia l'onda a lui sepolcro,
un sacco il suo lenzuolo!...
All'onda!... All'onda!...

(Está a punto de llevar el saco al rio cuando de pronto oye a lo lejos la voz del Duque.)

DUQUE
La donna è mobile
qual piuma al vento,
muta d'accento
e di pensiero.
Sempre un amabile
leggiadro viso,
in pianto o in riso,
è menzognero...

(Trae arrastrando un saco.)
Aquí está vuestro hombre.

407. ¡Qué alegría!... ¡Una lámpara!...

408. ¿Una lámpara?... No, el dinero.

(Rigoletto le da una bolsa.)
Rápido, arrojémoslo al rio...

409. No... yo puedo solo.

410. Como quiera...
Aquí el rio no está bien...
Más allá es más profundo...
Rápido, no lo vaya a ver alguien...
Buenas noches.

411. ¡Ahí está él!... ¡Muerto!
¡Oh sí!... Quiero... ¡Quiero verlo!...
¡Pero qué importa!... ¡Debe ser él!...
¡Aquí está el bulto!...
¡Ahora me mira, el mundo!...
¡Este es un bufón,
y ese un poderoso!
¡El yace a mis pies!...
Si... ¡El!... ¡Qué alegría!...
¡Al fin llegó la venganza
para mi duelo!...
¡Que el rio sea su sepulcro,
y un saco su sudario!...
¡Al rio!... ¡Al rio!...

412. La mujer es voluble
como pluma al viento,
vacía en sus palabras
y en su pensamiento.
Siempre con amable
y lindo rostro,
sea que llore o quería,
será miserable...

RIGOLETTO

Qual voce!... illusion notturno è questa!...
No, no!... Egli è desso!...
Maledizione! Olà... dimon bandito?...

413.

Chi è mai,
chi è qui in sua vece?... Io tremo...
È umano corpo!...
Mia figlia!... O Dio!... mia figlia!...
Ah, no!... È impossibil!...
Per Verona è in via!...
Fu vision!... È dessa!...
Oh mia Gilda!...
Fanciulla... a me rispondi!...
L'assassino mi svela...
Olà?... Nessuno!...

Nessun!... Mia figlia?... Mia Gilda?...

GILDA

Chi mi chiama?

414.

RIGOLETTO

Ella parla!... Si move!... È viva!...
Oh Dio! Ah, mio ben solo in terra!...
Mi guarda, mi conosci...

415.

GILDA

Ah... padre mio!...

416.

RIGOLETTO

Qual mistero!...
Che fu?... Sei tu ferita?...
Dimmi...

417.

GILDA

L'acciar... qui... qui mi piagò...

418.

RIGOLETTO

Chi t'ha colpita?...

419.

GILDA

V'ho l'ingannato... Colpevole fui...
L'amai troppo... Ora muojo per lui!...

420.

¡Esa voz!... ¡Es una ilusión nocturna!...
¡No, no!... ¡Es él!...
¡Maldición!... ¿Demonio bandido?...

(Abre el saco.)
¿Quién está,
aquí en su lugar?... Tiemblo...
¡Es un cuerpo humano!...
¡Mi hija!... ¡Oh Dios!... ¡Mi hija!...
¡Ah, no!... ¡Es imposible!...
¡E va rumbo a Verona!...
¡Fue una ilusión!... ¡Es ella!...
¡Oh mi Gilda!...
Niña... ¡Respóndeme!...
El asesino...
¡Hola?... ¡Nadie!...

(Llama desesperadamente a la puerta.)

¡Nadie!... ¿Mi hija?... ¿Gilda?...

¿Quién me llama?

¡Ella habla!... ¡Se mueve!... ¡Está viva!...
¡Oh Dios! ¡Mi único bien en la tierra!
Me mira, me conoce...

¡Ah... padre mío!...

¡Qué ocurrió!...
¿Qué pasó?... ¿Estas herida?
Dime...

(Señalando el corazón.)
El acero... aquí... me hirió...

¿Quién te hirió?...

Te he engañado... Es mi culpa...
Lo amaba tanto... ¡Ahora muero por él!...

RIGOLETTO

Dio tremendo! ella stessa fu côlta
dallo stral di mia giusta vendetta!...
Angiol caro, mi guarda, m'ascolta...
Parla, parla mi, figlia diletta!

GILDA

Ah, ch'io taccia!... A me... A lui perdonate!...
Benedite... alla figlia... o mio padre...
Lassù... in cielo, vicina alla madre...
In eterno per voi pregherò.

RIGOLETTO

Non morir... mio tesoro, pietade.
Mia colomba... lasciarmi non dêi.
Se t'involi... qui sol rimarrei.
Non morire... Ch'io toco morró!

GILDA

Non piu a lui... per... do... nate
Mio p adre ad... dio.

(Muere.)

RIGOLETTO

Gilda!... Mia Gilda!... È morta!...
Ah, la maledizione!

(Cae sobre el cadáver de su hija.)

421.   ¡Dios mío! ¡Ella es la victima de la ejecución
de mi justa venganza!...
Angel querido, me mira, me escucha...
¡Habla, háblame querida hija!

422.   ¡Ah, perdóname!... ¡Perdónalo a él!...
Bendice... a tu hija... padre mío...
Allá... en el cielo cerca de mi madre...
Rezaré por ti por toda la eternidad.

423.   No mueras... tesoro mío, ten piedad.
Paloma... mía no me dejes.
Si te vas... me quedaré solo.
No te mueras... ¡Moriré contigo!

424.   No más... per... do... na... lo.
Padre mío... e... dios.

425.   ¡Gilda!... ¡Mia Gilda!... ¡Está muerta!...
¡Ah, la maldición!

FIN

Biografía de Giuseppe Verdi

Giuseppe Verdi nació en el seno de una familia muy modesta, el 10 de Octubre de 1813 en una pequeña población llamada Le Roncole perteneciente al Ducado de Parma en el norte de Italia, en ese entonces bajo el dominio de Napoleón.

Verdi contó desde muy joven con la protección de Antonio Barezzi, un comerciante de Busseto, pueblo vecino a Le Roncole, quien creyó en el potencial musical del joven. Gracias a su apoyo, Verdi pudo desplazarse a Milán con la intención de ingresar como estudiante al Conservatorio cosa que no logró debido a obstáculos burocráticos.

Durante 18 meses de la educación musical de Verdi, en Milán, quien se desempeñó en forma brillante como estudiante.

Sin embargo, por recomendación de Antonio Barezzi, el maestro Vincenzo Lavigna se hizo cargo durante 18 meses de la educación musical de Verdi, en Milán, quien se desempeñó en forma brillante como estudiante.

El 4 de Mayo de 1836, Verdi y Margherita, hija de Antonio Barezzi contrajeron nupcias, ambos tenían 23 años. El 23 de Marzo de 1837, Margherita dio a luz una niña que fue bautizada con el nombre de Virginia Maria Luigia.

En 1836, Verdi fue nombrado Maestro de Música de Busseto y un año después, en Milán, estrenó su primera ópera *Oberto Conte di San Bonifacio* que resultó todo un éxito y le procuró un contrato con el Teatro alla Scala. El 11 de Julio de 1836 nació el segundo hijo de Margherita, lo llamaron Icilio, Romano, Carlo, Antonio.

En 1840, comenzaron las desgracias en la vida de Verdi, primero enfermó su hijo y falleció, pocos días después, la niña también enfermó gravemente y murió y por último en los primeros días de Junio, Margherita contrajo la encefalitis y también falleció.

Todo esto sumió a Verdi en una profunda depresión que estuvo a punto de hacerlo abandonar su carrera musical. En esos días Ricordi su editor, le mostró el libreto de *Nabucco* que le devolvió su interés por la composición.

El 9 de Marzo de 1842 Verdi estrenó *Nabucco* en el Teatro alla Scala, el estreno constituyó un gran éxito y fue su consagración como compositor.

Durante los ensayos de *Nabucco*, Verdi conoció a Giuseppina Strepponi la protagonista de la ópera, que se convirtió en su pareja y con quien se casó en 1859 y vivió con ella hasta 1897 año en que ella murió.

Verdi escribió un total de 27 óperas, una *misa de Requiem*, un *Te Deum*, el *Himno de las Naciones*, obras para piano, para flauta, y otras obras sacras.

Verdi dejó su cuantiosa fortuna para el establecimiento de una casa de reposo para músicos jubilados que llevaría por nombre La Casa Verdi, en Milán que es en donde se encuentra enterrado junto con Giuseppina.

Verdi falleció en Milán, de un derrame cerebral el 27 de Enero de 1901 a los 88 años de edad. Su entierro causó una gran conmoción popular y al paso del cortejo fúnebre el público entonó el coro de los esclavos de *Nabucco* "Va pensiero sull ali dorate."

Óperas de Verdi

Aida	*La Battaglia di Legnano*
Alzira	*La Forza del Destino*
Attila	*La Traviata*
Don Carlo	*Luisa Miller*
Ernani	*Macbeth*
Falstaff	*Nabucco*
Giovanna D'Arco	*Oberto Conte di San Bonifacio*
I Due Foscari	*Otello*
I Lombardi	*Rigoletto*
I Masnadieri	*Simon Boccanegra*
I Vespri Siciliani	*Stiffelio*
Il Corsaro	*Un Ballo in Maschera*
Il Re Lear	*Un Giorno de Regno*
Il Trovatore	

Acerca de Estas Traducciones

El Dr. Eduardo Enrique Prado Alcala nació en 1937 en el norte de México, estudió la carrera de medicina y se especializó en cáncer ginecológico y cáncer de mama.

Ejerció su carrera durante 40 años y finalmente llegó a la edad del retiro.

Desde la edad de 42 años, se hizo aficionado a la ópera y a la música clásica y formó parte de un grupo de amigos aficionados a estas disciplinas. Tuvo la oportunidad de asistir a funciones operísticas en la Ciudad de México, en Guadalajara México, en Toluca México, en Mazatlán México, en Seattle, en Madrid y en Londres. Organizó en la Ciudad de Mazatlán tres conciertos de música clásica, uno de ellos en la catedral.

Jugum Press y Ópera en Español

Prensa publica estas traducciones de ópera por Dr. E.Enrique Prado:

Vincenzo Bellini:
Norma

Georges Bizet:
Carmen

Gaetano Donizetti:
Anna Bolena, Don Pasquale, Lucia di Lammermoor,
Lucrezia Borgia

Ruggero Leoncavallo:
I Pagliacci

Pietro Mascagni:
Cavalleria Rusticana

Wolfgang Amadeus Mozart:
Die Zauberflöte, Don Giovanni, Le Nozze di Figaro

Giacomo Puccini:
La Boheme, La Fanciulla del West, Madama Butterfly, Manon Lescaut, Tosca
El Tríptico: Gianni Schicchi, Suor Angelica, Il Tabarro

Giacchino Rossini:
Il Barbiere Di Siviglia, La Cenerentola

Giuseppe Verdi:
Aida, Un Ballo in Maschera, Don Carlo, Ernani, Falstaff, La Forza del Destino,
I Lombardi, Macbeth, Nabucco, Otello, Rigoletto, Simon Boccanegra, La Traviata,
Il Trovatore

Para información y disponibilidad, por favor vea
www.operaenespanol.com
Correo: JugumPress@outlook.com
Síganos en Twitter: @jugumpress
Regístrate para nuestras noticias: http://eepurl.com/5m7tj